ATLÁNTIDA

ATLÁNTIDA

Nieves Chillón

Pre-Textos

IX Premio Internacional de Poesía Margarita Hierro
Fundación Centro de Poesía José Hierro

POESÍA

Reunido el Jurado del IX Premio Internacional de Poesía Margarita Hierro / Fundación Centro de Poesía José Hierro, el día 12 de diciembre de 2025, compuesto por Manuel Borrás, Jordi Doce, Ada Salas, Erika Martínez y Julieta Valero, actuando como secretaria sin voz ni voto Mayka García, acordaron por unanimidad otorgar el premio a la obra titulada *Atlántida,* de Nieves Chillón.

Primera edición: febrero de 2026

Diseño y maquetación: Pre-Textos (S.G.E.)

© Nieves Chillón, 2026
© de la presente edición:
PRE-TEXTOS, 2026
Luis Santángel, 10
46005 Valencia
www.pre-textos.com

en coedición con

El Ayuntamiento de Getafe, Fundación Centro de Poesía José Hierro y La Comunidad de Madrid

ISBN: 979-13-88054-11-2
Depósito legal: V-187-2026

Impreso en España - *Printed in Spain*

Impreso en GZ Printek

Una vez congelados, los embriones se mantienen en nitrógeno líquido a una temperatura de −196°C durante un tiempo indefinido.

CICLO I

I.

La madre sube al tren
jamás un organismo fue tan ancho
la piel azul y las arterias
en las extremidades lejanísimas
las manos que se buscan en plegaria
sobre una piel cosida de estaciones
de servicio paradas de autobús y líneas
de tranvía y el agua subterránea horadando
su curso de acuífero rambla abajo y remonta
la savia de este cuerpo que contempla
el plasma en su bolsa de látex
la sangre cada cual con su etiqueta
y el relámpago en algún lugar de la noche.

2.

Ha pasado la noche en el espino
es blanco Ella es la llama sideral
diadema de plata pura orfebrería sagrada
la Soledad la Macarena o Frozen
corona que es abrojo que es trenza de pecados
el dolor enramado las arterias azules
aguanieva en mi alma grillean los copos
el silencio reverbera en el paladar
pero tu sangre late y es dulce de Cereza
ácida Torre de marfil Casa de oro
que vela por nosotros y por ti que estás en los Hielos
de los laboratorios a oscuras
ella espera que tu cuerpo de gel se pueble de recuerdos
yo te canto oh Pez de la constelación del Hijo Único
muy pronto meterás al Cangrejo en un caldero
y la Madre que duerme en el espino caminará por las espumas
la corona en la mano para arrojarla al mar
y los dos reiréis.

3. / Cuna de hidrógeno

Qué frío el nido de la escarcha
la madre-pájaro sueña plumas
bajo tus nalgas rojas y delgaduchas

no es fácil dormir en la nieve
arroparse en la nieve
nombrarla en qué lengua
referir la amapola
de tus manos cerradas
ni un perfil todavía y ya tan hijo
en los hielos el Everest
la cúspide de las cunas.

4.

Y toda esta abundancia
jardineras volcándose al vacío
preñadas de toda clase de rosas
abultados vientres de caléndulas
la estrella anaranjada que anuncia calabazas
el abejorreo que canta una fertilidad
de diosa primitiva

Naitini la llamaré y a ti Abril
si te dejan nacer en primavera.

5.

Un iglú a menos ciento noventa y seis
y la electricidad que mana como leche
os alimenta a tres
a dos
a ti
la diosa de las placas de Petri
ha dicho Uno y esto significa
que algo salió bien al sexto día
al séptimo descansó
y la electricidad seguía llegando
de las ubres de algún generador
oíste Vivirás pero dónde
oíste ¿De quién es el tomillo que nace en ese monte?
¿De qué dios? ¿De qué cigüeña?
¿Quién donó la simiente y dijo Vivirás pero nunca
te volveré a ver y dijo Sea
y no apagó el interruptor de la vida?

6.

La Encarnación del Ovario Poliquístico
se acaricia su vientre
Ave María
así la han saludado esta mañana
qué gran noticia
exultante atraviesa los pasillos baja las escaleras
se cruza sin saberlo con la Otra
Madre que ha dormido esta noche en la llama sideral
en el espino Dolorosa que sólo mira un punto
y no se ha percatado
Una deja el Belén la Otra acude
adonde el Niño reposa los cinco días exactos
portal de hielo allí la Virgen se despoja
de las lágrimas del chándal de las bragas
del miedo no
y respira profundo
en bienvenida al Espíritu.

7

Cuna de musgo sendero de montaña
arriba donde el aire es hidrógeno hasta
las torres coronadas de probetas
oh diosa del grupo de Microbiología Molecular
crio-preservas embriones con pizcas
de electricidad de frío exactamente -196°C
colcha de musgo pasillos ventanales
la montaña a lo lejos detrás de puertas
y puertas que protegen del amor del llanto
su cosmos está a punto de latir ya abren
sus manos a la Madre porque
Ella es el fuego sideral el clic la Vía Láctea
esa nueva constelación que sostiene
en la mano derecha un pezón agrietado
y en la izquierda la vara de acero que te alumbra.

8.

La Virgen milagrosa en la hornacina
ha presentido el fuego y lee
los signos del oráculo

Ha obrado el Espíritu
qué si no

una masa de células abrazadas al útero
un hijo del ave de los hielos
se proyecta en esa línea azul
tan tenue que es susurro un aleteo
que ha movido una hormona que ha
dictado esa palabra en el libro
de las primeras veces

el desperezo de un sueño a $-196°C$
qué si no.

9.

El mapa se sorprende con el dedo
aquí la casa
aquí el río
aquí la cuna
aquí la mariposa

luego nada se cumple
ya sabes

el río tuerce por donde quiere.

10.

Las cosas recién hechas
pronunciaron su palabra primera
y todo alrededor se hacía presencia tuya

entonces
un apagón del cuerpo
que nos dejó mirándonos
sin saber dónde poner
la lengua ni decir
por allí
tan solo
tan sola
te marchaste Abril
desnuda de versos y de nombre.

CICLO 2

11. / Una casa

Buscamos una casa todo el tiempo
para el cuerpo para los sueños
para el manojo de versos también
de carne la primera y luego
tipis y chozones y jugar al escondite
pared de juncos contraluz
cien grietas mil ventanas
un tronco difícil de alcanzar
con la mirada un solo
tallo pilar y silbo
no me dirás que no es hermosa.

12.

La madre recorre los paisajes

una vez más las vías son arterias
el cuerpo se retrae

todas las direcciones conducirán al útero.

13.

Un plantío de savias que retornan
que se enervan cuando la luna llena
los hilos se tensan marioneta de sangre
rebufa engorda tira tira
si menguante la blandura se ahueca
las aguas que revocan
un lodazal
                 entonces
plantel abonos y vacunas
y noches y soles y cuartos crecientes
las sábanas blanquísimas

mi cuerpo ni febril ni frío está
en su punto de herrumbres y de ácidos
de mieles y de nieve en su punto
cuando la luna nueva
ahora los hilos no se ven
oscura arraiga en lo profundo
las cuerdas tocan la música del nervio

me ensancho me poceas
tahalí diminuto varilla de molusco
bébeme soy la oquedad la cueva
manantial ni febril ni frío
mi sangre mi carne están templadas
quédate y habita.

14.

Imposible que arraigue el cereal
pedruscos todo y cuánto silencio
las rocas desafían a los dientes de acero
se amontonan calcáreas y tozudas
la madre-mantillo-labrantío
no siente la caricia
apenas el dolor cuando la grieta
se preña de musgo
ah el musgo es el amor de terciopelo
la lengua despaciosa entre los pliegues
lenta verdinegra y lame
los ombligos repasando sombra
vida y rizomas la humedad
brota y gota y bebe
lo diminuto selvático en lo oscuro
se despereza y cruje de verdor
la madre vuelta y revuelta
manta de la piedra escudo
de los rayos del sol que hieren
tus ojos nuevos.

15.

Primera noche juntos
no sé cómo llamarte si
Abril si América si
invocarte en voz alta
mejor todos los nombres
Iris o semilla de otoño
arrópate de hojas bebe mi calor
el tiempo va al revés primero el hielo
luego la calidez el barrizal del endometrio
tú eres el sol entre la niebla
traspasando el umbral de cada gota
la nueva luz que irradia en este casi invierno
adentro primavera *in vitro* a menos ciento
noventa y seis grados centígrados
no sé cómo llamarte todavía
en los vaivenes de la marea amniótica
si Atlántida Pompeya si Venecia
ciudades sumergidas.

16.

Ahora tú y yo
y el sol naranja y nadie
y nada más
un inmenso páramo de párpados
escombros
entre el asfalto y el parque
la tierra trasplantada de muy lejos
donde venimos todos y así
de rodillas el oído en la hierba
te enseñaré muy pronto
tus pies pequeños tus manos transparentes
yo escucho las campanas
un trote una voz antigua
la piel reseca del verano y dime
ahora tú
qué escuchas.

17.

Brota de la tierra y lo esmeralda todo
redondez de lo amniótico y tú en el centro
burbuja que llegaste de otro río a desaguar aquí
yo sé que no fue fácil
dolor de manantial que desvió su curso
para entregarte al corazón del barbo
que es un cirujano un enólogo
una amante ahogada entre flores
el útero una casita verde lago lleno de peces
y el barbo con su huevo pendiente en los bigotes
rozando la pared del agua sumergiéndose
en un vaivén de orgasmos contracciones
de células a la deriva
de constante oleaje.

18.

Alarga tu raicilla minúscula
aférrate al bancal limpio de piedras
mira que las abejas acechan bondadosas
es primavera
ve horadando la carne a dentelladas
vía ferrata nudos y más nudos
densos rojizo alumbramiento de la masa
celular el endometrio la cama del vientre
muerde cultívate
en el huerto que has heredado.

19.

El templo deja un rastro de cal
y de pelambre el lobo
reverberan los cuerpos y sus células
ya todo se deshace
que son abrigo lo saben desde siempre
cuando por dentro
el cáliz bien atemperado
no se vuelca no se enfría
cuando por fuera
un *ras ras* áspero acaricia
la casa el espinazo de la fiera
esos *sancta sanctorum* que mueren
porque no mueren.

20.

La risa tintinea
suena verde y metálica es
la música verdadera

después el gran tablero de ajedrez
el sudario blanco tomado por dos manos
como las tuyas dos manos
la una la otra   abiertas
asideros hoces amables de la vida

las manos tienen que estar llenas de hijo
de muslos deditos transparentes
en su resuello rosa

ay de aquellas que abrazan un envoltorio blanco

llenas de hijo deben estar siempre las manos.

En esta ermita blanca
arcos de luz oscuridad
pálidos exvotos
un codo la rodilla
una mano en el útero
oh diosa antigua Betatun
Virgen de la Cabeza
Esperanza del cuarto de las velas
donde arden los deseos la endometriosis
yo rezo por nosotras
Señora del Ovario Poliquístico

Danos la luz

Déjanos darla al mundo.

22.

Zarpan los barcos día y noche con su ola
mojando las chanclas las toallas los bañistas
luces de proa a popa que se marchan
diciendo ¡Adiós! sombrillas de colores que soñáis
en la playa bajo este sol ¡Adiós!
y al poco dejan de escucharse y al poco
se zambullen en el océano y yo creo
que se duermen como tú el día que te soltaste
y te dejaste arrastrar el día de la sangre y luego
el horizonte.

23.

Qué asidero no rugoso
qué frío qué llama qué lisura te hizo
resbalar al torbellino
al irse
dime
qué fue lo que no fue.

24.

Qué lejos estarás y ayer vivías aquí dentro
cesó el latido de mi sangre y la sangre de las otras
mujeres y hombres que me dieron la mano alguna vez
arborescente es el amor cuando una hoja cae
duelen los cuerpos cuando se pierde un fruto
el bosque entero se aferra a lo azul cantando
qué lejos queda abril la primavera su lluvia de mortaja
no te puedo nombrar ya no respondes
navego sola otra vez en este barco grande
demasiado espacio aquí
tanta sangre para mí sola.

CICLO 3 /
PAISAJES SIMULTÁNEOS

25.

La Madre vive a cientos de kilómetros
la gente me pregunta cómo está
yo siempre digo Bien
Está bien Trabajando
Mucho
mientras Ella ha apagado el teléfono
no quiere hablar hoy
no hay mucho que añadir
a la evidencia del boicot laboral
la manipulación
los dos abortos espontáneos

algunas veces me ha llamado llorando
en otra ocasión viajé durante un día
entero con ganas de abrazarla
y miedo de su miedo
de no ser.

26.

Deja que las piedras las colillas
simbióticamente se destruyan
las unas a las otras amor de las gaviotas
el lobo tras las rejas el leo/
pardo hirviendo en el zoológico
piedra colilla el plástico
los niños entienden el desorden
diríase que contemplan las
piedras las colillas las hojas secas
que leen el mundo.

27.

El pájaro salta de rama en rama un ave hueca
su pecho de huesos de algodón de
aire cómo si no su trayectoria
del ramaje al tronco altísimo del árbol
aquí son verdes y frondosos de donde
yo vengo apenas unos pocos se aferran al rocío
escaso de la noche qué quieres que yo haga sino subir
al perfil más azul de rama en rama hasta la copa
nadie va a impedirlo de momento
aire hay para todos.

28.

La casa son las golondrinas
aleteando en torno
sobre alrededor y bajo el nido
que asoman su cabeza y se dan media vuelta
la casa es la parábola

ya alumbra abril entre almohadas
la cesta de ramas revestidas
de barro que gota a gota a gota
sostienen un corazón pequeño

mañana lo entregarán al viento.

29.

Rotonda en remolino
de hojas y pisadas y el cielo triturado
luz y charcos en perfecta redondez la hija
de prehistorias y guerras y estados y gobiernos
locales la solución de Tráfico después del Holocausto
de Chernóbil de Gaza a pesar de
los éxodos de Siria el hambre de Sudán
de los barcos en las costas de Libia
esta rotonda emergiendo en medio de la vega
en el exacto limes entre el Primark y el cañizo
como túmulo desmochado de una civilización.

30.

Con las manos levantar las paredes
hasta la última y cerrar con la techumbre
poco importan las ráfagas de azul
o si gotean estrellas cuando el suelo
la sola idea del suelo y del espacio contenido
tú en medio de y así tocando con los dedos
los límites de esta casa se nombran
se orean se habitan al poner las pocas
cosas que todos tenemos al principio

crecerás en esta casa de juncos entre dos
colmillos cruzados de mamut
o barro amasado por la blanda
carne rosa del útero con lo poco
que todos tenemos al principio.

La atalaya en lo blanco
es un diente de leche en el remonte
la punta de mi dedo es el arado
esfumato la brújula el allí
queriendo rozar las esparteras
la brasa en lo rugoso azul
rasura el matorral la encina
mi dedo fósforo de los atardeceres
la hoguera de la tierra
yo la veo tan lejos de mi uña
humo y ascua en la fiebre
y tú
diminuto folículo
¿puedes sentir el calor?
¿si tu casa está ardiendo?

32.

Luz de octubre hocico en las castañas
los pies el río las manos de los niños
y la cabaña armas de madera y otra vez
las castañas asombro y hojas muertas sobre el verde
resistencia de savia de luz de otoño en lo más
alto de los álamos columpio de la tarde
los dedos destemplados los pies húmedos
el perro es el león lo ocre sobre el verde
sobre la tierra cuarteada y el silencio
es la cama y las ramas clavadas en lo azul
un tejado infinito   al final
construimos siempre una casa.

33.

Ahora ya sé que hablaba sola
no respondía el oráculo me di la vuelta
a ciegas sin esa extraña luz que me guiaba
rozando las paredes dibujando un rastro
de nudillos de migas de piel
por si tú regresaras por si
quisieras en abril volver a ser.

CICLO 4

Tengo una boca ojos la nariz y   orificios
de los que me avergüenzo mi piel que
extendida podría ser un mapa un continente un
puerto adonde llegan y zarpan barcos de vez
en cuando hacia el poniente o el Septentrión
oh Bóreas joven de mejillas infladísimas
que colmas el velamen de bondades que
insuflas la fuerza que hace descarrilar
a los barcos y navegar los trenes por la ancha
campiña de mi cuerpo   ay   esos orificios
de los que me avergüenzo.

35.

Ya no estabas Abril al microscopio
en mitad de la noche en la apacible
calma chicha del rojo más rojo
del azul más azul
Buena señal
sentenció la diosa de las placas de Petri
y entonces te marchaste igual que la marea
con su oleaje en retirada
mientras la madre descansaba
en un asiento cualquiera
de una ciudad cualquiera
y mucho antes incluso de anunciarlo
alcanzaste el océano.

36.

Mis pies desnudos han hollado la tierra
y era tierra
mi cuerpo de *nylon* y polímeros
y litio y moléculas de todo punto desnaturalizadas
ha abrazado la tierra
y era tierra

el polvo se ha pegado a mi saliva
y he sentido una sed y escuchado los pájaros
debajo de motores y ladrillos
he oído a esa ramita decir Campo
junto a la acera susurrar Azul
Este Azul y a la brizna brotar entre el cemento
pronunciando Vencer
en esta poca tierra.

Te veo
más allá de los límites
la carne un otro
yo saltando entre las piedras
tocando el muro
membranas sucesivas
hasta el centro
donde se mira ya de otra manera

la atalaya se sirve del espejo
para anunciar la invasión del enemigo
la llegada de tropas donde
debería haber solo verde
igual
que el espéculo pronuncia
quién es la más proclive al fruto
en los huertos sanguíneos
nuestros invernaderos interiores
donde debería arraigar la semilla
número cuatro

hasta las hortalizas criadas
en condiciones óptimas
siempre tienen un nombre
por eso en la humareda del asalto

te he llamado Gaia y Terra
que viene a significar
tantas cosas.

Histero tiene su raíz en *histerós*
y formará compuestos ya sabéis
el útero es origen es la tierra
no salina no demasiado
pedregosa o firme entonces no hay arraigo
posible beber todo ese amor que es una
expectativa un amanecer los rayos
del sol que apenas llegan
por eso a las mujeres en sus
antiguos cuadros clínicos
de frustración de rabia por desorden
mismo de la idea de justicia
las llamaron histéricas
como el agricultor que avienta el labrantío
lo trabaja y observa cómo la lluvia se resiste
el granizo socava o el dueño
de la finca contigua le arrebata
un puñado de tierra cada noche
y a pesar de todo llega el brote
el nacimiento de un minúsculo
tallo verde que habrá de defender
todavía con más rabia con armas o palabras
más fuertes que la bota herbicida que ese fuego
devorando la cosecha
vosotras las histéricas conteniendo

el incendio para salvar los brotes
rescatar las semillas las legítimas
dueñas de esa tierra la que
todos desean
poseer.

39.

Y si no ocurre nada

y si los vientos se llevan este poco
suelo fértil y si nunca
los números regresan

y si tú fueras un nombre solamente
la llama de una vela que una vez
sobre una tarta un delgado
deseo volátil que impregna
su olor a cumpleaños
a dulce y luego se acuna en la memoria

y si tú
rosal de mis entrañas y si
nunca y si
no.

He tomado el cuchillo por la hoja
han crujido mis alas
ya no siento placer bajo tu vientre
oh cazador
vete sin beber el veneno como Sí
que hicimos otras
naranjura negranja mmmm
entonces mirabas de reojo
yo te miro de frente

márchate despierto
nosotras no pudimos decir No
más promesas No más vino
llévate tu indiferencia estricta
tus métodos tu colección
de mariposas que siempre irá
contigo la claridad
de tu gran copa vacía
oh nadador

ahora estás dispuesto a sumergirte
en lo azul nadie te podrá alcanzar
el vaso es ancho de cincuenta
por veinticinco y profundo

salta ya

abandona mi campo de maíz arrasado
este páramo blanco de alfileres
sabré que no estás ya cuando mañana
mires otra monarca en un paisaje nuevo
que será verde y lejano
oh Narciso
y otra vasta promesa de cenizas.

Se atraviesa el desierto cada día
semáforos varados la escritura que no alimenta
se expande como arena entre las horas

el momento propicio para el verso
lo lleva ese gorrión en su pico
muere la ardilla al pie de su ciprés
pierde la primavera
el automóvil ni siquiera se percata

quedan atrás la ardilla el grano
los versos enterrados entre las hojas secas

transito mi desierto imaginando el suyo
después de tantos ciclos como dunas
la Madre Celestial se duerme en el espino
mientras tecleo palabras en la luz
queriendo capturar el alma de las cosas
una chamana al fin conjurando tu nombre
igual que los bisontes de sangre sobre roca
grafitis con el dedo sobre el cemento húmedo
te invoco en estas páginas Atlántida
te nombro como un mantra
un asidero o el rumor
del agua y nada más
                queda.

ÍNDICE

CICLO 1

CICLO 2

CICLO 3 / PAISAJES SIMULTÁNEOS

CICLO 4

ESTA PRIMERA EDICIÓN DE
ATLÁNTIDA
DE NIEVES CHILLÓN
SE TERMINÓ DE IMPRIMIR
EL DÍA 9 DE FEBRERO DE 2026